AF339032

COCHINCHINE FRANÇAISE

SERVICE POSTAL DES CORRESPONDANCES

FLUVIALES ET MARITIMES

DANS L'INTÉRIEUR DE LA COCHINCHINE FRANÇAISE

ET DU CAMBODGE

SAIGON

IMPRIMERIE REY & CURIOL

1886

COCHINCHINE FRANÇAISE

SERVICE POSTAL DES CORRESPONDANCES

FLUVIALES ET MARITIMES

DANS L'INTÉRIEUR DE LA COCHINCHINE FRANÇAISE

ET DU CAMBODGE

SAIGON

IMPRIMERIE REY & CURIOL

—

1886

CONTRAT

POUR L'EXPLOITATION DU SERVICE POSTAL

ET DES

CORRESPONDANCES FLUVIALES

DANS L'INTÉRIEUR DE LA COCHINCHINE ET DU CAMBODGE

Vu le contrat du 22 décembre 1880, conclu avec la Compagnie des Messageries fluviales pour l'exploitation du service postal intérieur de la Cochinchine et du Cambodge, pendant une période de neuf années du 1er janvier 1882 au 31 décembre 1890 ;

Vu l'acte additionnel du 9 mars 1885, prorogeant le contrat précité jusqu'au 31 mars 1891 ;

Vu le marché en date du 31 janvier 1884, relatif à l'organisation des lignes de Pnom-Penh à Battambang et de Pnom-Penh à Sambock ;

Vu la délibération du Conseil colonial en date du 14 janvier 1886, prorogeant pour une nouvelle période de neuf années, à compter de leur échéance, les divers contrats qui viennent d'être énumérés ;

Considérant que cette prolongation a été autorisée sous certaines conditions qui ne se trouvent pas indiquées dans les contrats précités et qu'il y aurait lieu de les y insérer :

Entre M. Nouët (Louis-Hippolyte-Marie), Directeur de l'intérieur, stipulant au nom de la colonie de Cochinchine, en vertu de la délibération du Conseil colonial sus-visé, d'une part,

Et M. Araud, délégué de la compagnie des Messageries fluviales, dont le siège est à Paris, rue Bergère, 9, stipulant au nom de ladite compagnie, d'autre part.

Il a été convenu ce qui suit :

CHAPITRE PREMIER

Article premier. — M. Araud, ès-qualité qu'il s'agit, s'engage envers M. le Directeur de l'intérieur, qui accepte, au nom de la colonie, à établir un service régulier de bateaux à vapeur et qui comprend les lignes portées au tableau ci-après :

DÉSIGNATION DES LOCALITÉS.	NOMBRE DE VOYAGES PAR AN.	DISTANCES EN MILLES.	ALLER ET RETOUR.	DISTANCES ANNUELLES EN MILLES MARINS.	DISTANCES ANNUELLES EN LIEUES MARINES.
Saigon à Pnom-Penh (grand fleuve)	104	238 5	477	49.608	16.536 00
Saigon à Pnom-Penh, hautes eaux (Bassac) ....$.....	26	250	500	13.000	4.333 33
Saigon à Pnom-Penh, saison sèche (Grand fleuve)..............	26	238 5	477	12.402	4.134 00
Mytho à Daingai..............	156	192	384	59.904	19.968 00
Mytho à Bentré et Travinh et retour par Bentré	156	68 5	137	21.372	7.124 00
Saigon à Tayninh	52	122	244	12.688	4.229 33
Saigon au Cap et Baria........	52	63 5	127	6.604	2.201 33
Daingai à Baclieu.............	156	40	80	12.480	4.160 00
Pnom-Penh à Battambang	26	198	396	10.296	3.432 00
Pnom-Penh à Krétié	52	125	250	13.000	4.333 33
Krétié à Sambock	26	10	20	520	173 33
Saigon à Thudaumot	26	21 5	43	1.118	372 66
Saigon à Biènhoà	26	26	52	1.508	502 66
Totaux...........	884	1593 5	3187	214.545	71.499 97

(Le groupe des trois premières lignes est désigné « 3e voyage ».)

Art. 2. — La colonie s'interdit de subventionner un service particulier sur les lignes faisant l'objet du présent contrat, mais elle se réserve le droit, moyennant une subvention complémentaire calculée sur les tarifs du présent contrat, de doubler les lignes prévues ou d'exiger la création de lignes nouvelles, sans que cette augmentation des parcours puisse dépasser la moitié du nombre de lieues à parcourir annuellement.

La colonie pourra également augmenter ou diminuer le nombre des escales et modifier les itinéraires.

Art. 3.— Le concessionnaire s'engage à transporter gratuitement la correspondance et les colis postaux sur les lignes concédées ainsi que sur les annexes qu'il établirait ultérieurement, à ses risques et périls.

Il est tenu en outre de transporter gratuitement les pièces d'or, d'argent et de cuivre pour le service de l'Etat et de la colonie, ainsi que les vivres envoyés par la commission des ordinaires dans les postes de l'intérieur.

Art. 4.— L'Administration, après avoir pris l'avis du représentant de la Compagnie, fixera les jours et heures des départs; elle réglera également le temps maximun à passer aux escales et arrêts, elle déterminera la durée moyenne des traversées.

Art. 5.— La correspondance des différentes lignes devra être scrupuleusement établie, les retards qui pourraient survenir seront constatés par procès-verbal de l'agent des postes.

Art. 6.— Aucune escale ou arrêt ne pourra être établi sans le consentement de l'Administration.

———

CHAPITRE II.

Art. 7.— Le Directeur de l'intérieur est chargé de l'exécution générale du service; les administrateurs et les agents des postes, de sa surveillance.

Les délégués de l'Administration auront le droit de faire à bord des navires toutes les visites qu'ils croiront nécessaires.

———

CHAPITRE III.

Art. 8.— La Compagnie s'engage à avoir à flot le 1er avril 1888 :

3 paquebots de.................... 400 tonneaux
5   do   120   do

Art. 9.— Tous ces navires devront naviguer sous pavillon français; leurs équipages seront exclusivement composés de français ou d'annamites sujets français.

Art. 10.— La Compagnie sera tenue de remplacer dans le délai de deux ans tout navire qui viendrait à se perdre ou à être mis hors de service.

Art. 11.— La vitesse moyenne par heure devra être de neuf nœuds pour les 3 paquebots de 400 tonnes, et de huit nœuds pour les paquebots de 120 tonnes.

Art. 12.— Les navires affectés aux services mentionnés à l'article 1er ne seront employés qu'après avoir été examinés et reçus par une commission spéciale nommée par le Gouverneur, laquelle aura qualité, seule, pour autoriser la mise en service ; cette commission s'assurera qne les bâtiments répondent aux conditions suivantes :

1o Que les navires, leurs embarcations et les appareils sont en bon état, d'une solidité suffisante et propre au service postal et commercial auquel ils sont destinés.

2o Que les chaudières peuvent supporter à froid, sans déformation sensible, la charge en usage dans la marine française.

3o Qu'au tirant d'eau moyen, les vitesses sont supérieures d'un nœud à la vitesse moyenne exigée.

Art. 13. — Les trois paquebots faisant le service entre Saigon et Pnom-Penh seront installés dans les mêmes conditions de confort et de sécurité que les meilleurs paquebots navigant dans les mers de Chine.

Ils devront comprendre des aménagements propres à recevoir des passagers de trois classes ; les installations seront pourvues de tous les objets nécessaires à l'usage des voyageurs.

Les autres vapeurs devront également comprendre trois classes avec lieux d'aisance ; tous les bateaux seront couverts d'une toiture ou paillotte afin que tous les voyageurs soient à l'abri du soleil et de la pluie.

Tous les navires, autres que les chaloupes, seront munis d'une glacière.

Art. 14. — Les navires, leurs embarcations, leurs machines et tous les objets d'armement devront être tenus dans un état constant de bon entretien.

Art. 15. — Si la Compagnie avait à construire de nouveaux navires ou à en remplacer d'anciens, ces bâtiments devraient être construits en France.

Toutefois, dans le cas de remplacement immédiat pour cause de perte, et si l'urgence est constatée, la Compagnie pourra être autorisée à acheter des bâtiments de provenance étrangère.

CHAPITRE IV.

Art. 16. — Une soute fermant à clef devra être réservée sur chaque navire ou chaloupe pour les dépêches et les groups ; il y aura en outre une boîte à bord.

La Compagnie sera responsable des dépêches comme un agent des postes ; elle n'aura droit à aucune indemnité de ce fait.

Il ne sera reçu à bord que les dépêches et correspondances remises au capitaine par les agents des postes ou jetées à la boîte par les particuliers pour rentrer dans le service postal. La Compagnie aura, toutefois, la faculté de transporter en dehors de la poste ses papiers de service.

Les lettres et paquets formant cette correspondance devront être placés sous bande, mais resteront entre les mains du capitaine.

Toutefois, en cas de suspicion de fraude, les agents des postes auront le droit d'exiger l'ouverture des lettres et paquets et procéderont à l'examen sommaire de leur contenu.

Conformément aux dipositions de l'arrêté du 27 prairial, an IX, il est interdit à la Compagnie de transporter des plis cachetés.

Toute contravention aux lois sur le transport des lettres, commise par la Compagnie ou ses agents, sera punie conformément aux lois.

En cas de récidive, et si les circonstances démontraient que le fait de contravention doit êtré attribué à l'un des agents de la Compagnie, cet agent, sur la demande du Gouverneur, devrait être destitué, sans préjudice des peines qu'il aurait encourues.

Art. 17. — La Compagnie est, en principe, chargée de prendre et porter dans les escales les dépêches au bureau de poste ; cette obligation est formelle dans les localités placées aux escales mêmes, que le bateau accoste ou non.

L'Administration n'interviendra, dans le transport des dépêches entre le bureau et les paquebots, que quand il s'agira d'escales éloignées des bureaux et pour lesquelles il n'y aura pas de service de correspondance organisé.

CHAPITRE V.

DES PASSAGERS ET DES MARCHANDISES.

Art. 18. — La Compagnie aura le droit de transporter par ses navires les passagers et les marchandises. Le produit des passagers, de matières d'or et d'argent et des marchandises, appartiendra à la Compagnie. Le produit de la taxe des correspondances et de leur transport appartiendra à la colonie.

Art. 19. — Les passagers civils et militaires, voyageant sur réquisition de l'Administration, seront admis sur les paquebots de la Compagnie en vertu d'un ordre du Directeur de l'intérieur ou du chef du service administratif.

Les passagers de 1re classe payeront 0 franc 40 centimes par lieue marine parcourue. Ceux de 2me classe, 30 centimes. Lorsque le nombre des passagers du Gouvernement sera supérieur au quart des places disponibles, la Compagnie devra être prévenue cinq jours à l'avance.

Les sous-officiers et soldats voyageant en troupe, ainsi que les autres passagers de 3me classe voyageant sur réquisition, seront transportés au prix de 15 centimes par lieue parcourue.

Bien que le point de départ des lignes de l'Ouest soit Mytho, la Compagnie s'engage à accepter entre Saigon et cette localité et *vice-versâ*, toute réquisition au tarif administratif.

Un restaurant sera établi à bord des paquebots, les tarifs des vivres et consommations seront arrêtés par l'Administration. Quand les troupes resteront plus de douze heures à bord, elles auront droit au fourneau.

Les passagers des deux premières classes auront droit à 250 kilogrammes de bagages, ou en encombrement un mètre cube. Les autres passagers, à 50 kilogrammes seulement.

Art. 20. — La Compagnie sera tenue de recevoir sur ses bâtiments, jusqu'à concurrence du quart du chargement : les armes, munitions, approvisionnements destinés au service de l'Etat et de la colonie, moyennant un frêt de 10 centimes par tonneau d'encombrement ou de mille kilogrammes et par lieue marine parcourue, y compris les frais de chargement et de déchargement sous palan.

Les bateaux seront tenus d'accoster aux appontements, sauf les cas de force majeure.

La Compagnie devra suivre les indications du préposé de l'Administration pour l'arrimage des munitions.

Art. 21. — La Compagnie fixera ses tarifs pour les voyageurs et marchandises du commerce, sans cependant que les prix puissent être supérieurs de plus de cinquante pour cent à ceux arrêtés par l'Administration.

Les tarifs déclarés par la Compagnie ne peuvent être surélevés qu'après une période de trois mois d'application.

CHAPITRE VI.

DES PÉNALITÉS.

Art. 22. — Les départs auront lieu aux jours et heures fixés par l'Administration. Tout retard aux heures de départ ou d'arrivée, sauf les cas de force majeure ou de réquisitions signées par qui de droit, rendra la Compagnie passible d'une amende de dix francs pour la première heure, de vingt francs pour la deuxième et les heures suivantes.

Art. 23. — Si le retard dépassait 24 heures, l'agent des postes prendrait les mesures nécessaires pour assurer le transport des dépêches, aux frais de la Compagnie, sans préjudice de l'amende encourue.

Art. 24. — En cas de perte d'un bâtiment, si le remplacement prescrit par l'article 10 ne se faisait pas dans les délais réglementaires, la Compagnie serait passible d'une amende de 50 francs par jour de retard.

Art. 25. — Le montant des amendes, fixées conformément aux articles ci-dessus, sera prélevé par l'Administration sur les sommes dues à la Compagnie.

Il sera affiché dans chaque bateau ou chaloupe, dans un endroit apparent, un extrait en français, annamite et chinois, du règlement sur l'opium, les alcools, les armes et munitions et la poste.

CHAPITRE VII.

MODE DE PAYEMENT DE LA SUBVENTION.

Art. 26.— Le montant de la subvention est fixé ainsi qu'il suit pour lieue marine parcourue :

8 francs 54 centimes pour les bâtiments de 120 tonnes et au-dessus.

5 francs pour la chaloupe desservant la ligne de Daingai à Baclieu.

3 francs pour la chaloupe desservant la ligne de Mytho à Bentré et Travinh.

L'exploitation des lignes telles qu'elles sont fixées à l'article 1er est concédée à la Compagnie des Messageries fluviales de Cochinchine pour une période de temps finisant le 31 mars 1900.

La Compagnie exécutera les services mentionnés à l'article 1er du présent contrat à ses risques et périls, et toutes les dépenses de nature quelconque, y compris les risques de mer et de navigation, seront à sa charge.

Art. 27.— Le payement de la subvention sera ordonnancé à terme échu par le Directeur de l'intérieur de mois en mois, par douzième, sous la déduction des retenues qui auraient pu être prononcées dans les cas prévus au présent contrat.

Les payements auront lieu à Saigon, en piastres au cours du jour.

CHAPITRE VIII.

DISPOSITIONS PARTICULIÈRES.

Art. 28.— Dans le cas ou la Compagnie suspendrait l'exploitation, le gouvernement local aurait le droit de reprendre à dire d'experts les bâtiments avec leur matériel et les approvisionnements sans préjudice des dommages-intérêts à réclamer.

Art. 29.— La Compagnie ne pourra sous traiter en tout ou en partie sans le consentement par écrit du Gouverneur ; s'il était reconnu qu'elle ait sous traité sans ce consentement, le gouvernement local serait en droit de résilier le marché sans indemnités.

CHAPITRE IX.

CLAUSES SPÉCIALES.

Art. 30. — Les navires de la Compagnie seront exempts des droits de phare et d'ancrage dans les ports de la colonie. Ils pourront se dispenser de prendre des pilotes.

Art. 31. — Tous les payements à faire à la Compagnie seront passibles de la retenue du 3 0/0 pour précompte au profit du Trésor (art. 23 de la loi des finances du 29 décembre 1882).

Art. 32. — Les frais d'enregistrement du présent contrat sont fixés à un franc et restent à la charge de la Compagnie, qui s'engage en outre à fournir cent exemplaires imprimés du présent contrat.

Art. 33.— Toutes conventions antérieures au présent contrat sont et demeurent abrogées.

Saigon, le 29 avril 1886.

Le Directeur de l'intérieur,
Signé : NOUET.

Le Représentant de la Compagnie,
Signé : ARAUD.

Approuvé : en séance du Conseil privé du 29 avril 1886.
Le Gouverneur,
Signé : BÉGIN.

Enregistré à Saigon (Cochinchine française) le 10 mai 1886, folio 128, verso cases 6, reçu dix-neuf cents.

Signé : GERS DES RIVIÈRES.

IMPRIMERIE REY ET CURIOL. — SAIGON.